Theresa Marrama

Rhumus
se cache à Paris

Together we are stronger, together we are unbroken,
together we can do anything.
— Rahul Singh —

TABLE DES MATIÈRES

ACKNOWLEDGMENTS

A big **MERCI BEAUCOUP** to the following people: Jennifer Degenhardt, Wendy Pennett, Pamela Vasquez, Françoise Piron, and Anny Ewing.

Not only did all of you provide great feedback but your support and encouragement were amazing while writing this novel.

Chapitre 1
Deux semaines après l'explosion

Il y a deux semaines[1], tous les rats de Paris se sont échappés[2] à cause d'une terrible explosion. Ils se sont échappés sous les rues de Paris. Ils sont toujours en danger à Paris. Les rats ont peur.

— Où est-ce qu'on peut se cacher[3] ? demande l'un des rats, anxieux.

---

[1] Il y a deux semaines – two weeks ago
[2] se sont échappés – escaped
[3] se cacher – to hide

— Je ne sais pas, mais j'ai peur ! Je n'aime pas courir dans les rues comme ça ! crie l'un des autres rats, paniqué.

— Oui, je comprends. J'ai peur d'une autre explosion ! dit l'un des rats du groupe.

Les rats courent partout à Paris pour se cacher. Il est évident qu'on essaye⁴ d'exterminer tous les rats. Les rats ont besoin de trouver un bon endroit⁵ où se cacher à Paris.

Rhumus est avec ses parents et un groupe de rats. Rhumus a toujours du

---

⁴ il est evident qu'on essaye – it is obvious that people are trying
⁵ endroit – place

mal à entendre[6]. Il y a deux semaines, quand il était[7] sous une rue de Paris avec sa famille et d'autres rats, il y a eu[8] un grand bruit. C'était un bruit horrible ! Il y a eu une explosion ! Rhumus a détesté ce bruit. Ce bruit n'était pas normal. Ce bruit lui faisait mal aux oreilles[9]. Après ce bruit, Rhumus était sourd[10].

Rhumus remarque que[11] tous les rats sont agités. Il réalise que tous les rats sont anxieux.

---

[6] a toujours du mal à entendre – still can't hear
[7] était – was
[8] il y a eu – there was
[9] ce bruit lui faisait mal aux oreilles – This noise hurt his ears
[10] sourd – deaf
[11] remarque que – notices that

— Qu'est-ce qu'on va faire ? On est en danger ! Où est-ce qu'on va se cacher ? demande l'un des rats.

— Oui, on ne peut pas rester sous les rues. C'est trop dangereux ! On a besoin d'un plan ! crie un autre rat.

Les parents de Rhumus essaient de calmer tous les autres rats. Ils discutent des bons endroits où se cacher. Les rats discutent des endroits moins fréquentés à Paris avec d'autres rats. Ses parents discutent de tous les endroits qu'ils connaissent[12] à Paris où il n'y a pas beaucoup de touristes. Ses

---

[12] connaissent – know

parents discutent de tous les endroits que les exterminateurs ne vont pas visiter.

— Il y a quelques endroits où nous pouvons nous cacher. Nous pouvons essayer de nous cacher dans des endroits moins fréquentés de Paris. Les endroits où les exterminateurs ne vont pas aller, dit son papa à sa maman.

— Où? demande sa maman.

— Au printemps, notre famille visite la Conciergerie tous les samedis pour échapper à tous les touristes de la Seine. Nous pouvons aller à la Conciergerie avec tous les autres rats.

— Oui, c'est une bonne idée. Il n'y a pas beaucoup de touristes à la Conciergerie, répond sa maman.

— En été, notre famille va au Passage Mouffetard et à la Sorbonne tous les mercredis pour passer du temps en famille et pour marcher le long des allées des jardins, dit son papa.

— Oui. Notre famille adore marcher dans le passage Mouffetard et autour de l'université de Paris. Il n'y a pas beaucoup de touristes, dit sa maman.

— En hiver, notre famille va au Panthéon pour voir la belle vue depuis la montagne Sainte-Geneviève. Nous pouvons y aller pour nous échapper, explique son papa.

— C'est une bonne idée, c'est un endroit tranquille et il n'y a pas beaucoup de touristes, dit sa maman.

— En automne, notre famille va à la bibliothèque Mazarine, dit son papa.

— Oui. Je pense que la bibliothèque est un bon endroit où se cacher. Il n'y a pas beaucoup de touristes, dit sa maman.

Rhumus regarde ses parents discuter des bons endroits où se cacher. Il n'entend pas ce qu'ils disent, mais il est très content d'être avec sa famille.

Chapitre 2
Le plan

Normalement, il y a beaucoup de rats qui habitent sous les rues de Paris. Mais depuis l'explosion, les rats ne veulent pas rester sous les rues. Ils ont peur. Ils ont très peur d'une autre explosion.

— Allons-y ! Vite ! Vite ! Nous sommes en danger ! Il faut[13] se cacher ! crie l'un des rats en courant.

---

[13] il faut – it is necessary

— Oui ! Tout le monde peut nous voir dans les rues ! Il faut se cacher tout de suite[14] ! crie un autre rat.

Il est 8h00 du matin. Il y a beaucoup de bruit à Paris. Et il y a beaucoup de touristes. Tout le monde fait beaucoup de bruit. Mais tout le monde ne visite pas les endroits que les parents de Rhumus ont mentionnés. Ce sont les endroits les plus cachés de Paris.

Rhumus est dans la rue de Lutèce à Paris avec sa famille et les autres rats. Les rats entendent souvent[15] des bruits.

---

[14] tout de suite – right away
[15] entendent souvent – often hear

Beaucoup de bruit, c'est normal pour les rats. Mais depuis l'explosion, il y a deux semaines, les rats sont nerveux. Ils n'aiment pas du tout[16] le bruit. Mais c'est différent pour Rhumus. Il n'entend rien du tout.

Son père regarde Rhumus. Son père regarde un plan de Paris. À ce moment, Rhumus dit :

— Papa, je veux chercher l'endroit sur le plan!

Son père lui donne le plan de Paris. Rhumus prend le plan.

---

[16] du tout – at all

Son papa écrit " Où est la Conciergerie ? " sur un bout de papier. Il donne le bout de papier à Rhumus. Son papa sait trouver son chemin[17] sous terre, mais il ne reconnaît rien dans les rues.

Rhumus regarde le bout de papier. Il cherche la Conciergerie sur le plan. Après quelques instants, il la trouve. Il la trouve au bord de[18] la Seine. Il montre l'endroit sur le plan à son papa.

Son papa est content et remercie Rhumus. Les autres rats écoutent pendant que son père explique :

---

[17] sait trouver son chemin – knows how to find his way
[18] au bord de – next to

— Attention tout le monde ! Il 'est évident que nous sommes en danger ! J'ai un plan. On va se cacher. En premier, on va se cacher dans la Conciergerie. Il n'y a pas beaucoup de touristes là-bas[19]. Les rats sont forts. Les rats sont intelligents. Si nous restons ensemble, nous pouvons échapper au danger.

— La Conciergerie ! C'est une vieille prison, n'est-ce pas ? demande un autre rat dans le groupe.

— Oui, c'est une ancienne prison, mais il n'y a pas beaucoup de touristes

---

dans la Conciergerie et je pense que c'est un bon endroit pour nous cacher ce soir, explique lc père de Rhumus.

Il y a un grand groupe de rats qui marchent avec Rhumus et ses parents. Rhumus regarde devant lui. Rhumus regarde à droite. Rhumus regarde à gauche. Rhumus regarde les autres rats. Il voit beaucoup de familles de rats. Rhumus regarde son père et sa mère. Il est content d'être avec sa famille.

Il se dit : cette fois-ci[20], je ne vais pas être séparé de ma famille ou des autres rats.

---

[20] cette-fois-ci – this time

Chapitre 3
À la Conciergerie

Rhumus est content d'être avec sa famille, mais il est frustré aussi. Il est très frustré parce qu'il n'entend plus rien. Rhumus veut entendre. Il veut entendre sa maman et son papa. Il veut entendre tout le monde dans le groupe. Il veut entendre les bruits autour de lui[21].

À Paris, il y a un bâtiment[22] très extraordinaire. C'est un très grand bâtiment. Il n'y a pas beaucoup de

---

[21] autour de lui – around him
[22] bâtiment – building

touristes qui visitent ce bâtiment. Ce bâtiment s'appelle la Conciergerie.

En arrivant devant le grand bâtiment, un autre rat du groupe dit :

— Ouah ! Regarde le vieux bâtiment, il est énorme ! Quelle est l'histoire de ce bâtiment ?

— Ce bâtiment s'appelle la Conciergerie. La Conciergerie se trouve dans le 4ème arrondissement[23]. La Conciergerie se trouve sur l'île de la Cité[24]. Ce n'est pas un endroit très visité par les touristes. Dans le passé, c'était un palais. C'était aussi une prison pendant la Révolution française. Marie-

---

[23] Arrondissement – administrative district (specific area of Paris)
[24] L'île de la Cité – island in the center of Paris

Antoinette, la reine de France, y a été emprisonnée pendant la Révolution française. Elle y était prisonnière avec ses enfants pendant la Révolution française, explique le père de Rhumus.

En pensant à toutes ces informations, Rhumus entre dans la Conciergerie avec ses parents et les autres rats. Il regarde autour de lui. Il regarde partout[25].

Est-ce que nous sommes en danger dans la Conciergerie ? se demande Rhumus.

---

[25] partout – everywhere

Tout est très grand dans la Conciergerie ; ce n'est pas un grand bâtiment, c'est un bâtiment énorme ! pense Rhumus.

Rhumus voit une affiche[26] sur le mur.

ATTENTION TOUT LE MONDE !

À cause du problème des rats, la Conciergerie va être fermée demain pour les exterminer !

---

[26] affiche – poster

Rhumus lit les informations sur l'affiche.

Oh non ! Nous ne sommes pas en sécurité[27] ici ! On est en danger parce que la Conciergerie va fermer demain; les autorités continuent à essayer de nous exterminer ! se dit Rhumus.

Rhumus attire l'attention de son père. Il lui montre l'affiche. Son père la regarde. Il la lit. Il regarde sa mère avec de grands yeux. Il explique ce que[28] dit l'affiche au groupe :

— Attention tout le monde ! Il est évident que nous sommes toujours en

---

[27] en sécurité – safe
[28] ce que – what

danger ! N'ayez pas peur[29] ! J'ai un plan ! On va se cacher ici dans la Conciergerie ce soir. Mais, demain on va aller au passage Mouffetard. Il n'y a pas beaucoup de touristes là-bas. Nous sommes très forts. Nous sommes intelligents. Si nous sommes ensemble, nous pouvons tous échapper au danger.

---

[29] n'ayez pas peur – don't be afraid

Chapitre 4
Au passage Mouffetard

Rhumus est content d'être avec sa famille, mais il est frustré aussi. Il est très frustré parce que tous les rats ont besoin de se cacher. Il est frustré parce que tous les rats sont en danger.

À Paris, il y a beaucoup d'endroits secrets. Un de ces endroits est un passage secret. Le passage secret se trouve dans le 5ème arrondissement. Il n'y a pas beaucoup de touristes qui

21

visitent ce passage. Ce passage s'appelle
le passage Mouffetard.

Le passage Mouffetard n'est pas un endroit très fréquenté des touristes.

En arrivant dans le passage Mouffetard, un autre rat du groupe dit :

— Ouah ! Regarde, le passage secret, c'est cool !

— Oui, ce passage est beau et très tranquille, répond un autre rat du groupe.

Rhumus marche dans le passage secret avec ses parents et les autres rats. Il regarde autour de lui. Il regarde partout.

Est-ce que tous les rats sont en danger dans le passage secret ? se demande Rhumus.

C'est très calme dans le passage secret ! pense Rhumus.

Rhumus voit une affiche sur le mur du passage secret.

ATTENTION TOUT LE MONDE !

À cause du problème des rats, le passage va être fermé demain pour les exterminer !

Rhumus lit les informations sur l'affiche.

Oh non ! Nous ne sommes pas en sécurité[30] ici ! On est en danger parce que le passage va fermer demain pour exterminer les rats ! se dit Rhumus.

Rhumus attire l'attention de son père. Il lui montre l'affiche. Son père la regarde. Il la lit. Il regarde sa mère avec de grands yeux. Il explique ce que dit l'affiche au groupe :

— Attention tout le monde ! Il est évident que nous sommes toujours en danger ! N'ayez pas peur ! J'ai un plan !

---

[30] en sécurité – safe

Ce soir, on va se cacher dans le passage Mouffetard pour la nuit. Mais, demain on va aller à l'université, à la Sorbonne. Il n'y a pas beaucoup de touristes là-bas. Nous sommes forts. Nous sommes intelligents. Si nous sommes ensemble, nous pouvons tous échapper au danger.

Chapitre 5
À la Sorbonne

Rhumus est très frustré. Il est frustré parce que tous les rats ne peuvent pas trouver un endroit où se cacher. Il est frustré parce qu'il est toujours sourd. Rhumus est content d'être avec sa famille, mais il est frustré aussi.

À Paris, il y a des universités. L'un des bâtiments les plus importants s'appelle la Sorbonne. Il n'y a pas beaucoup de touristes qui visitent la Sorbonne.

En arrivant devant le grand bâtiment de l'université, un autre rat dans le groupe dit :

— Ouah ! Regarde le bâtiment, il est très grand !

— Oui, le bâtiment se trouve dans le 5ème arrondissement. Les touristes ne visitent pas typiquement la Sorbonne. Il y a surtout des étudiants et des profs à l'université. Beaucoup de personnes très célèbres y ont travaillé[31].

---

[31] y ont travaillé – worked there

Marie Curie était la première femme

professeur à la Sorbonne.

Rhumus entre dans la Sorbonne avec ses parents et les autres rats. Il regarde autour de lui. Il regarde partout.

Est-ce que nous sommes en danger à la Sorbonne ? se demande Rhumus.

Le bâtiment de l'université est très grand et il y a beaucoup d'œuvres d'art[32] sur les murs ! pense Rhumus.

Rhumus voit une affiche sur le mur.

---

[32] oeuvres d'art – works of art

ATTENTION

TOUT LE

MONDE !

Soyez silencieux ! Soyez
respectueux des autres
dans l'université !

Rhumus lit les informations sur l'affiche.

Rhumus voit une autre affiche sur le mur.

ATTENTION TOUT LE MONDE !

À cause du problème des rats, l'université va être fermée demain pour les exterminer !

Il lit les informations sur l'affiche.

Oh non ! Nous ne sommes pas en sécurité[33] ici ! On est en danger parce que l'université va fermer demain pour exterminer les rats ! se dit Rhumus.

---

[33] en sécurité – safe

Rhumus attire l'attention de son père. Il lui montre l'affiche. Son père la regarde. Il la lit. Il regarde sa mère avec de grands yeux. Le père de Rhumus explique ce que dit l'affiche au groupe :

— Attention tout le monde ! Il est évident que nous sommes toujours en danger ! N'ayez pas peur ! J'ai un plan ! On va se cacher ici à la Sorbonne ce soir. Mais, demain on va aller au Panthéon. Il n'y a pas beaucoup de touristes là-bas.

— N'oubliez pas que nous sommes forts. Nous sommes intelligents. Si nous sommes ensemble, nous pouvons tous échapper au danger ! crie l'un des autres rats du groupe.

Chapitre 6
Au Panthéon

Rhumus est très frustré. Il est frustré parce qu'il veut pouvoir entendre. Il ne veut pas être sourd. Mais, Rhumus est content d'être avec tous les autres rats.

Il est très frustré parce que tous les rats sont en danger. Il veut trouver un endroit sans danger.

À Paris, il y a beaucoup de monuments intéressants. Un de ces monuments se trouve dans le 5ème arrondissement. Ce monument est le

Panthéon, situé dans le Quartier latin, sur la montagne Sainte-Geneviève.

En arrivant devant le Panthéon, un autre rat du groupe dit :

— Ouah ! Regarde les grandes colonnes ! Ce bâtiment est magnifique !

— Oui, c'est important, dit le père de Rhumus. Le bâtiment s'appelle Le Panthéon de Paris. Ce n'est pas un endroit très fréquenté des touristes comme la tour Eiffel ou l'Arc de Triomphe. Mais c'est un endroit avec une crypte et les tombes de personnages historiques et célèbres comme Victor

Hugo, un écrivain, et Marie Curie, une physicienne.

Rhumus entre dans le Panthéon avec ses parents et les autres rats. Il regarde autour de lui. Il regarde partout. Il y a beaucoup de tombes de personnes célèbres. Il y a la tombe de Marie Curie, la personne qui a découvert[34] le radium. Il y a une autre tombe, celle d'Alexandre Dumas, un écrivain très célèbre[35]. Alexandre Dumas est célèbre pour son livre *Les trois mousquetaires*.

Ce monument est très intéressant ! C'est calme ici et il y a beaucoup de choses à lire, de jolis

---

[34] a découvert – discovered
[35] écrivain célèbre – famous writer

tableaux[36] et des sculptures partout !
pense Rhumus.

Mais... est-ce que nous sommes en danger au Panthéon? se demande Rhumus.

Rhumus voit une affiche sur le mur.

ATTENTION TOUT LE MONDE !

À cause du problème des rats, le Panthéon va être fermé demain pour les exterminer ! Le bâtiment sera ouvert la semaine prochaine.

---

[36] jolis tableaux – pretty paintings

Rhumus lit les informations sur l'affiche.

Oh non ! Nous ne sommes pas en sécurité ici ! Nous sommes en danger parce que demain le Panthéon va être fermé pour exterminer les rats ! se dit Rhumus.

Rhumus attire l'attention de son père. Il lui montre l'affiche. Son père la regarde. Il la lit. Il regarde sa mère avec de grands yeux. Il explique au groupe ce que dit l'affiche:

— Attention tout le monde ! Il est évident que nous sommes toujours en danger ! N'ayez pas peur ! J'ai un plan ! On va se cacher ici dans le Panthéon ce soir. Mais demain, on va aller à la Bibliothèque Mazarine. Il n'y a pas beaucoup de touristes là-bas. N'oubliez pas, nous sommes forts. Nous sommes intelligents. Si nous sommes ensemble, nous pouvons tous échapper au danger.

— Oui, on comprend que nous sommes en danger, mais combien d'endroits est-ce qu'on va visiter ? demande l'un des rats, très irrité.

— C'est vrai, on change de cachette[37] chaque jour ! C'est ridicule ! crie un autre rat.

---

[37] cachette – hiding place

— Oui, c'est évident qu'on change beaucoup de cachette, mais nous sommes toujours en danger ! Si on continue à changer de cachette chaque jour, nous pouvons tous échapper au danger, explique le père de Rhumus.

Chapitre 7
À la bibliothèque Mazarine

Rhumus n'aime pas que tous les rats soient[38] en danger, mais il est content d'être avec sa famille. Il est très frustré parce qu'il n'entend toujours rien. Rhumus veut entendre. Il veut entendre son papa et sa maman. Il veut entendre tout le monde dans le groupe. Il veut entendre les bruits autour de lui. Il veut entendre le bruit des voitures dans la rue. Il veut entendre les bruits de la ville.

---

[38] soient – are

Il est très frustré parce que tous les autres rats peuvent entendre, mais lui[39] ne peut pas.

À Paris, il y a une bibliothèque extraordinaire. C'est une très grande

---

[39] lui – him

bibliothèque. Il n'y a pas beaucoup de touristes qui visitent cette bibliothèque, mais les Parisiens la visitent. Cette bibliothèque s'appelle la bibliothèque Mazarine.

En arrivant dans la grande bibliothèque, un autre rat du groupe dit :

— Ouah ! ce bâtiment est énorme, et regarde tous les livres !

— Oui, le bâtiment s'appelle la bibliothèque Mazarine. Elle se trouve dans le 6ème arrondissement. La bibliothèque Mazarine n'est pas un endroit très fréquenté des touristes parce qu'il n'y a pas grand-chose à faire là-bas. C'est la plus vieille[40] bibliothèque publique de France. La bibliothèque tient son nom[41] du cardinal Mazarin, un homme qui a commencé à constituer[42] la collection de livres dans cette bibliothèque, explique le père de Rhumus

Rhumus marche dans la bibliothèque avec ses parents et les autres rats. Il regarde autour de lui. Il regarde tous les livres.

Est-ce que c'est possible de lire tous ces livres ? Est-ce que nous

---

[40] plus vieille – oldest
[41] tient son nom – gets its name
[42] a commencé à constituer – started to establish

sommes en danger dans la bibliothèque ? se demande Rhumus.

— Cette bibliothèque est très grande ; non, elle est énorme ! dit Rhumus à son père.

Rhumus voit une affiche sur le mur.

ATTENTION
TOUT LE
MONDE !

À cause du problème des rats, la bibliothèque va être fermée demain pour les exterminer !

Il lit les informations sur l'affiche.

Oh non ! Nous ne sommes pas en sécurité ici ! La bibliothèque va fermer pour exterminer les rats ! se dit Rhumus.

Rhumus attire l'attention de son père. Il lui montre l'affiche. Son père la regarde. Il la lit. Il regarde sa mère avec de grands yeux.

Pendant un moment, Rhumus ne sait pas si le plan de son père va être un bon plan.

Tous les endroits qu'on visite sont dangereux, même les endroits moins touristiques[43]. Oui, mon père est intelligent, mais est-ce que le plan de mon père est bon ? se demande Rhumus.

Le père de Rhumus explique ce que dit l'affiche au groupe :

— Attention tout le monde ! Il est évident que nous sommes toujours en danger ! N'ayez pas peur ! J'ai un plan ! On va se cacher ici dans la bibliothèque ce soir. Mais, demain on va aller à la grande synagogue de Paris.

— Il n'y a pas beaucoup de touristes là-bas, mais dans tous les

---

[43] moins touristiques – less touristy

endroits qu'on visite, nous risquons d'être exterminés. Pendant combien de temps cst-ce qu'on va continuer à se cacher ? demande l'un des autres rats.

Quelques rats se séparent du groupe qui va à la synagogue. Ils décident qu'ils ne veulent pas continuer à se cacher. Rhumus réalise que le groupe est de plus en plus frustré.

— Nous sommes forts. Nous sommes intelligents. Si nous sommes ensemble, nous pouvons tous échapper au danger. Après la grande explosion, je voulais abandonner, mais je suis resté fort et c'est important que nous restions ensemble, explique Rhumus.

Chapitre 8
À la grande synagogue de Paris

Rhumus réalise que le groupe de rats est frustré. Lui aussi est très frustré parce que tous les rats sont en danger. Il est frustré parce qu'il n'entend toujours rien.

Il continue à marcher avec les autres rats vers la synagogue.

À Paris, il y a une grande synagogue. C'est une synagogue qui se trouve dans le 9ème arrondissement. Cette synagogue est dans la rue de la Victoire.

En arrivant devant la synagogue, un autre rat du groupe dit :

— Ouah ! Regarde ça, c'est incroyable !

— Oui, le bâtiment s'appelle la grande synagogue de Paris. Ce n'est pas un endroit fréquenté par les touristes. Mais c'est un endroit fréquenté par Juifs[44]. C'est un endroit religieux où les Juifs vont prier[45], explique le père de Rhumus.

Rhumus et les autres rats ont besoin d'échapper aux exterminateurs de Paris. Rhumus marche dans la

---

[44] juifs – Jews
[45] vont prier – go to pray

synagogue avec ses parents et les autres rats. Il regarde autour de lui. Il regarde partout.

Cette synagogue est très intéressant ! Il y a beaucoup de grandes arches partout ! Il y a 12 vitraux[46] intéressants dans cette synagogue, pense Rhumus.

Est-ce que nous sommes en danger dans la grande synagogue de Paris ? se demande Rhumus.

Rhumus voit une affiche sur le mur.

---

[46] vitraux – stained glass windows

ATTENTION TOUT LE MONDE !

À cause du problème des rats, la synagogue va être fermée samedi soir, après les services du sabbat pour les exterminer !

Il lit les informations sur l'affiche.

Oh non ! Nous ne sommes pas en sécurité ici ! On est en danger parce que demain c'est samedi et la synagogue va fermer pour exterminer les rats ! se dit Rhumus.

Rhumus attire l'attention de son père. Il lui montre l'affiche. Son père la regarde. Il dit au groupe :

— Attention tout le monde ! Il est évident que nous sommes en danger ! C'est frustrant de devoir[47] changer de cachette chaque jour, mais on va continuer à se cacher. N'ayez pas peur ! J'ai un plan ! Ce soir, on va se cacher ici dans la synagogue. Mais, demain, on va aller à Chinatown, le quartier chinois de Paris.

Rhumus regarde son père. Son père regarde le groupe et il réalise que

---

[47] c'est frustrant de devoir – it is frustrating to have to

les rats du groupe sont très agités. Il dit
à haute voix aux autres rats :

— N'oubliez pas, nous sommes
forts. Nous sommes intelligents. Si nous
sommes ensemble, nous pouvons tous
échapper au danger !

Chapitre 9
Dans le quartier chinois

Rhumus est content d'être avec sa famille, mais il est frustré comme les autres rats du groupe. Il est évident que les rats sont en danger. Il est frustré parce que tous les rats ont besoin de se cacher.

À Paris, il y a un quartier intéressant. C'est le quartier chinois. Il n'y a pas beaucoup de touristes qui visitent ce quartier, mais il y a des asiatiques qui travaillent ou qui habitent ici. Ce quartier s'appelle le quartier chinois.

En arrivant dans le quartier chinois, un autre rat du groupe demande :

— Ouah ! Comment s'appelle ce quartier ? Il est plein de couleurs !

— Ce quartier s'appelle le quartier chinois. Le quartier chinois se trouve dans le 13ème arrondissement. Ce n'est pas un quartier fréquenté par les touristes. Mais il y a beaucoup de restaurants, de boutiques et de magasins dans le quartier chinois, explique le père de Rhumus.

Rhumus marche dans le quartier avec ses parents et les autres rats. Il regarde autour de lui. Il regarde partout.

Est-ce que nous sommes en danger dans ce quartier ? se demande Rhumus.

Ce quartier est très intéressant et il y a beaucoup de couleurs ! Il y a beaucoup de dragons et de symboles différents, pense Rhumus.

Rhumus voit une affiche sur la fenêtre d'un restaurant.

ATTENTION TOUT LE MONDE !

À cause du problème des rats, le quartier chinois va être fermé demain pour les exterminer !

Il lit l'affiche.

Oh non ! Nous sommes en danger dans ce quartier aussi ! Le quaratier chinois va fermer pour exterminer les rats ! pense Rhumus.

Rhumus attire l'attention de son père. Il lui montre l'affiche. Son père la regarde. Il la lit. Il regarde sa mère avec de grands yeux. Il explique ce que dit l'affiche au groupe :

— Attention tout le monde ! Nous sommes en danger ! J'ai un plan. Nous allons nous cacher ici dans le quartier chinois ce soir. Mais, demain on va aller au cimetière Père Lachaise. C'est très loin[48], mais il n'y a pas beaucoup de touristes là-bas. N'oubliez pas, nous sommes forts. Nous sommes intelligents. Si nous sommes ensemble, nous pouvons tous échapper au danger.

---

[48] loin – far

Chapitre 10
Au cimetière du Père Lachaise

Rhumus est content d'être avec sa famille, mais il est frustré parce que tous les rats sont toujours en danger. Il est frustré parce qu'il veut aider les rats.

Rhumus n'entend toujours pas et il a de la difficulté à communiquer.

À Paris, il y a un grand cimetière. C'est un cimetière qui se trouve dans le 20ème arrondissement.

Le grand cimetière de Paris n'est pas fréquenté par les touristes. Mais c'est un endroit que les familles aiment visiter.

Il y a quelques personnes célèbres enterrées dans ce cimetière, comme Edith Piaf[49], une chanteuse française très célèbre en France, Oscar Wilde[50], un poète irlandais, et Molière, un écrivain de pièces de théâtre et acteur qu'on surnomme "le Shakespeare français". Mais la tombe la plus visitée est celle de Jim Morrison[51], le célèbre chanteur du groupe de rock, The Doors.

---

[49] Edith Piaf – 20th century French singer who became iconic after her recording of the song "La vie en rose".
[50] Oscar Wilde – 19th century Irish poet and playwright.
[51] Jim Morrison – 20th century musician and lead singer of the legendary rock band "The Doors".

Rhumus et les autres rats marchent pendant longtemps. Finalement, après plusieurs[52] heures, ils entrent dans le cimetière. Rhumus regarde autour de lui. Il regarde toutes les tombes et toutes les décorations différentes sur les tombes.

Ce cimetière est grand ! Il est très grand ! Il y a beaucoup de tombes ! pense Rhumus.

Est-ce que nous sommes en danger dans le cimetière ? se demande Rhumus ?

---

[52] plusieurs – several

Rhumus continue à marcher avec les autres rats. Il regarde toutes les tombes dans le cimetière. Il continue à tout observer quand soudain, il voit une affiche qui dit :

ATTENTION TOUT LE MONDE !

À cause du problème des rats, ne laissez pas de nourriture près des tombes. Merci.

C'est juste une affiche qui demande aux gens de ne pas laisser de nourriture près des tombes. Ce n'est pas une affiche qui annonce l'extermination des rats ! pense Rhumus.

Rhumus attire l'attention de son père. Il lui montre l'affiche. Son père la regarde. Rhumus est content et son père explique à haute voix ce que dit l'affiche au groupe :

— Attention tout le monde ! Il est évident que nous sommes en danger ! Mais, on ne va pas exterminer les rats dans ce cimetière. On va se cacher ici, au cimetière du Père Lachaise. Il n'y a pas de danger dans ce cimetière !

Rhumus regarde son père.

Mais non seulement il regarde son père, il entend son père ! Pour la première fois depuis la première explosion, il peut entendre !

— Papa ! Je t'entends, crie-t-il ! Maman ! Je ne suis plus sourd !

Il regarde sa mère, qui est très contente, et lui dit :

— Oui, l'explosion m'a fait peur. Je peux de nouveau entendre et nous allons finalement être en sécurité !

Et pour la première fois depuis que tous les rats se cachent, il n'est pas frustré. Non, Rhumus est content. Il est content que tous les rats ne soient pas en danger et il est aussi content parce que soudain, il peut de nouveau entendre !

— Tout va bien aller ! pense-t-il. Nous sommes ensemble ! Les rats ne sont plus en danger à Paris ! Les rats sont forts quand ils sont ensemble. Nous sommes ensemble et tout va bien aller !

Épilogue

Rhumus, sa famille et les autres rats se cachent dans le cimetière pendant une semaine. Un jour, Rhumus voit un papier par terre dans le cimetière. Il lit à haute voix ce que dit l'affiche au groupe :

ATTENTION CITOYENS DE PARIS !

L'extermination des rats à Paris est terminée. Beaucoup de rats ont été exterminés.

— Nous sommes en sécurité ! crie tous les rats. !

— Oui, finalement nous ne sommes pas en danger ! crie Rhumus !

Glossaire

A

a - has
à - to
abandonner - to abandon
acteur - actor
adore - loves
affiche - poster
agité(s) - agitated
ai - have
aider - to hlep
aimait - liked
aime - likes
aiment - like
aller - to go
allons - go
allées - went
ancienne - ancient
annonce - announces
anxieux - anxious
s'appelle - is called
après - after
arc - arch

arches - arches
arrivant - arriving
arrondissement - neighborhood
art - art
asiatique(s) - asian
attention - attention
attire - attracts
au - to the; at the
aussi - also
automne - fall
autour - around
autre - another
autres - others
aux - to the; at the
avec - with
avenue - avenue
ayez - have

B

bâtiment(s) - building(s)

beau - beautiful
beaucoup - a lot
belle - beautiful
besoin - need
bibliotheque -
library
bien - well
bon - good
bonne - good
bons - good
bout de papier -
scrap of paper
boutiques - shops
bruit(s) - noise(s)

C

(se) cachent -
hide
(se) cacher - to
hide
cachés - hid
calme - calm
calmer - to calm
cause - cause
ce - this
celle - the one
ce que - what
ces - these

cette - this
change - changes
changer - to
change
chanteur - male
singer
chanteuse -
female singer
chaque - each
cherche - looks for
chercher - to look
for
chose(s) - thing(s)
cimetière -
cemetery
collection -
collection
colonnes -
columns
combien - how
many
comme - like; as
comment - how
communiquer -
to communicate
comprend -
understands

comprends - understand
connaissent - know
content(e) - happy
continue - continue
continuer - to continue
cool - cool
couleurs - colors
courant - running
courent - run
courir - to run
crie - yells
crypte - crypt

D

danger - danger
dangereux - dangerous
dans - in
de - from
demain - tomorrow
demande - asks
depuis - since
des - from the

deux - two
devant - in front
difficulté - difficulty
différent - different
différentes - different
différents - different
dimanche - Sunday
discutent - discuss
discuter - to discuss
disent - say
dit - says
donne - gives
dragons - dragons
(a) droite - (to the) right
du - from
décident - decide
décorations - decorations

E

échapper - to escape
(se sont) échappés - escaped
écoutent - listen
écrit - writes
écrivain - writer
elle - she
emprisonnée - imprisoned
en - in; while
endroit(s) - place(s)
enfants - children
énorme - enormous
ensemble - together
entend - hears
entendent - hear
entendre - to hear
entends - hear
enterrées - buried
entre - enters
entrent - enter
essaient - try
essayer - to try

est - is
et - and
était - was
étudiants - students
été - summer
évident - obvious
explique - explains
explosion - explosion
exterminateurs - exterminators
extermination - extermination
exterminer - to exterminate
exterminés - exterminated
extraordinaire - extraordinary

F

faire - to do; to make
fait - made; makes
famille - family
familles - families

(il) faut - it is necessary
femme - woman
fenêtre - window
fermé(e) - closed
finalement - finally
fois - times
fort(s) - strong
français(e) - french
france - France
frustré - frustrated
fréquenté(s) - frequented

G
(à) gauche - (to the) left
gens - people
grand(e)(s) - big
groupe - group

H
habitent - live
habiter - to live

(à) haute (voix) - out loud
heures - hours
histoire - history
historiques - historic
hiver - winter
homme - man
horrible - horrible

I
ici - here
idée - idea
il - he
ils - they
important(s) - important
incroyable - incredible
information(s) - information
instants - instants
intelligent(s) - intelligent
intéressant(s) - interesting
irrité - irritated

J

j' - I
jardins - gardens
je - I
jour - day
juifs - Jews
juste - just

L

l' - the
la - the; it
là-bas - over there
laisser - to leave
le - the; it
les - the
lire - to read
lit - reads
livre(s) - book(s)
long - long
longtemps - long time
lui - to him; him

M

ma - my
magasins - stores

magnifique - magnificent
mais - but
maman - mom
marche - walks
marchent - walk
marcher - to walk
matin - morning
me - me; to me
mentionnés - mentioned
mercredis - wednesdays
moins - less
moment - moment
mon - my
monde - world
montagne - mountain
montre - shows
monument(s) - monument(s)
mur(s) - wall(s)

N

n'...pas - not; does not

ne...pas - not; does not

ne...rien - nothing

nerveux - nervous

nom - name

non - no

normal - normal

normalement - normally

notre - our

nourriture - food

nous - we; us

nouveau - new

nuit - night

O

observer - to observe

on - we; people

ont - have

oreilles - ears

ou - or

où - where

oubliez - forget

oui - yes

ouvert - opened

P

palais - palace

paniqué - panicked

papa - dad

papier - paper

par - by

parce que (qu') - because

parents - parents

partout - everywhere

passer - to spend (time)

passé - past

pendant - during; for

pensant - thinking

pense - thinks

personnages - people

personne - no one

personnes - people

peur - fear

peut - can

peuvent - can

peux - can

physicienne - physician
plan - map
plein - full
plus - more
possible - possible
pour - for
pouvoir - to be able
pouvons - can
près - near
première - first
premier - first
prend - takes
prier - to pray
printemps - spring
prison - prison
prisonnière - prisoner
problème(s) - problem(s)
prochaine - next
professeur - teacher
profs - teachers
publique - public

Q

qu' - that
quand - when
quartier - neighborhood, quarter
que - that
est-ce que - is it that
quelle - what; which
quelques - some
qui - who

R

radium - radium
rat(s) - rat(s)
reconnaît - recognizes
regarde - looks at
reine - queen
religieux - religious
remarque - notices
remercie - thanks

respectueux -
respectful
restaurant(s) -
restaurants
rester - to stay
restions - stay
restons - stay
resté - stayed
ridicule -
rediculous
risquent - risk
rue(s) - street(s)
réalise - realizes
répond - responds
révolution -
revolution

S

sa - his
sais - know
sait - knows
samedis -
Saturdays
s'appelle - is called
sans - without
sculptures -
sculptures
se cacher - to hide

secret(s) -
secret(s)
semaine(s) -
week(s)
services - services
ses - his; her
seulement - only
si - if
silencieux - silent
situé - situated
soient - are
soir - night
sommes - are
son - his
sont - are
soudain -
suddenly
sourd - deaf
sous - under
souvent - often
soyez - are
suis - am
sur - on
surnomme -
nickname
surtout - especially
symboles -
symbols

sécurité - safe
séparent -
separate
séparé - separated

T
t'entends - hear
you
temps - time
terminée - ended
terre - ground
  par terre - on the
ground
  sous terre -
underground
terrible - terrible
tombe(s) -
tomb(s)
toujours - still
touristes - tourists
touristiques -
touristy
tous - all
tout - all;
everything
toutes - all
très - very
tranquille - calm

travaillent - work
travaillé - worked
trois - three
trop - too
~~**trouve**~~ - finds
trouver - to find
typiquement -
typically

U
un - a; an
une - a; an
université -
university

V
va - goes
vais - go
vers - towards
veulent - want
veut - wants
veux - want
victoire - victory
vieille - old
vieux - old
ville - city
visite - visits

visitent - visit
visiter - to visit
visité(e) - visited
vite - quick
voir - to see
voit - sees
voitures - cars
voix - voice
(à haute) voix -
out loud

vont - go
voulais - wanted
vrai - true
vue - view

Y

y - there
yeux - eyes

ABOUT THE AUTHOR

Theresa Marrama is a French teacher in northern New York. She has been teaching French to middle and high school students since 2007. She has is also the author of many language learner novels and has also translated a variety of Spanish comprehensible readers into French. She enjoys teaching with Comprehensible Input and writing comprehensible stories for language learners.

HER BOOKS INCLUDE:
Une Obsession dangereuse, which can be purchased at www.fluencymatters.com

HER FRENCH BOOKS ON AMAZON INCLUDE:
Une disparition mystérieuse
L'île au trésor:
Première partie: La malédiction de l'île Oak
L'île au trésor:
Deuxième partie: La découverte d'un secret
La lettre
Léo et Anton
La Maison du 13 rue Verdon
Mystère au Louvre
Perdue dans les catacombes
Les chaussettes de Tito
L'accident

Kobe - Naissance d'une légende
Kobe - Naissance d'une légende (au passé)
Le Château de Chambord : Première partie : Secrets
d'une famille
Zeinixx
La leçon de chocolat
Un secret de famille
Rhumus à Paris

HER SPANISH BOOKS ON AMAZON INCLUDE:
La ofrenda de Sofía
Una desaparición misteriosa
Luis y Antonio
La Carta
La casa en la calle Verdón
La isla del tesoro:Primera parte: La maldición de la isla
Oak
La isla del tesoro: Segunda parte: El descubrimiento de
un secreto
Misterio en el museo
Los calcetines de Naby
El accidente
Kobe - El nacimiento de una leyenda (en tiempo
presente)
Kobe - El nacimiento de una leyenda (en tiempo pasado)
La lección del chocolate
Un secreto de familia
Rhumus en Madrid

HER GERMAN BOOKS ON AMAZON INCLUDE:
Leona und Anna
Geräusche im Wald
Der Brief

Nachts im Museum
Die Stutzen von Tito
Der Unfall
Kobe - Geburt einer Legende
Kobe - Geburt einer Legende (Past Tense)
Das Haus Nummer 19
Schokolade
Avas Tagebuch
Rhumus in Berlin

HER ITALIAN BOOKS ON AMAZON INCLUDE:
Luigi e Antonio
I calzini di Naby
Rhumus a Roma

Check out her website for more resources and materials to accompany her books:
www.compellinglanguagecorner.com

Check out her Digital E-Books:
www.digilangua.co

Made in the USA
Middletown, DE
28 September 2023